W0341207

Gilbert Delahaye et Simonne Baudoin

Flocon le petit mouton

casterman

Cet été, un petit mouton est né dans la montagne.
– Nous l'appellerons **Flocon**, dit Pedro le berger.
Flocon aime gambader dans les alpages parmi les fleurs et les torrents.

Mais l'automne arrive à grands pas et avec lui,
les jours plus froids.
Il est temps de descendre dans la vallée
et de rentrer à la ferme.

Le chemin est long mais le troupeau est courageux.
– Voici le petit agneau qui est né tout là-haut,
annonce Pedro tout fier à sa sœur.
– Mignon Flocon, **bienvenue à la maison**, se réjouit Manon.

La vie reprend au village, c'est déjà la rentrée des classes.
Flocon est triste, il ne peut accompagner son ami à l'école.
Il aurait voulu apprendre à écrire lui aussi.

Que faire tout seul ? Le petit mouton s'ennuie à la ferme.
– **Moi je chante**, lui dit le coq. Je suis le réveil matin
de la famille et des voisins.

– Et moi, dit la fermière, je remplis l'abreuvoir
et je fais le ménage.
Flocon est bien embêté, il est incapable de faire tout ça.

– **Où vas-tu ?** demande Flocon au chat noir
qui grimpe au grenier.
– Surveiller le blé pour que les souris ne viennent pas
le manger.

Flocon est malheureux de ne rien pouvoir faire.

– Un petit mouton doit manger, courir et bien dormir, pour grandir et enfin se rendre utile, lui expliquent ses parents.

Flocon obéit.
Il se met à courir partout, à sauter comme un fou !

Après tous ces efforts, il s'endort souvent sous le pommier.

– **Chut**, dit le lièvre, il doit reprendre des forces !

Chaque jour, Flocon rend visite à son ami Nacoé le canard.

– **Est-ce que je grandis ?**

– Bien sûr, tu seras bientôt un vrai mouton.

Puis, il va voir le vieil âne Muletta

– **Est-ce que je grandis ?**

– Bien sûr, tu auras bientôt une vraie toison, un beau manteau de laine.

L'hiver arrive. L'étang gèle et Nacoé grelotte
sous son léger duvet.
Flocon, le brave petit mouton, vient le réchauffer.
Au fil des jours, sa toison s'épaissit.

Flocon a compris ; c'est ainsi qu'il peut se rendre utile.
Au printemps, il se frotte même contre les buissons
pour y laisser des bouts de laine.
Cela servira au nid des oiseaux, pense-t-il.

La toison de Flocon devient si épaisse qu'il faut la tondre.
– **Ne t'inquiète pas,** elle va repousser, dit Pedro au petit mouton un peu inquiet. Grâce à toi, on pourra faire des centaines de pelotes de laine !

Flocon est désormais tout joyeux.

Il a trouvé sa place à la ferme.

Et les jours sont aussi doux que le trésor qu'il porte sur le dos !

www.casterman.com
© Casterman 2015
D'après "Flocon le Petit mouton", Gilbert Delahaye – Simonne Baudoin
Tous droits réservés pour tous pays.
Il est strictement interdit, sauf accord préalable et écrit de l'éditeur, de reproduire (notamment par photocopie ou numérisation) partiellement ou totalement le présent ouvrage, de le stocker dans une banque de données ou de le communiquer au public, sous quelque forme et de quelque manière que ce soit.
Achevé d'imprimer en mars 2015, en Espagne.
Dépôt légal mai 2015; D 2015/0053/97
Déposé au ministère de la Justice (loi n° 49.956 du 16 juillet 1949 sur les publications destinées à la jeunesse).
ISBN 978-2-203-08978-5
N° d'édition : L.10EJCN000442.N001